BEI GRIN MACHT SICH IHR WISSEN BEZAHLT

- Wir veröffentlichen Ihre Hausarbeit, Bachelor- und Masterarbeit

- Ihr eigenes eBook und Buch - weltweit in allen wichtigen Shops

- Verdienen Sie an jedem Verkauf

Jetzt bei www.GRIN.com hochladen
und kostenlos publizieren

Sina Volk

Die Ableitung des Äther-Begriffs bei Aristoteles

GRIN Verlag

Bibliografische Information der Deutschen Nationalbibliothek:

Die Deutsche Bibliothek verzeichnet diese Publikation in der Deutschen National-
bibliografie; detaillierte bibliografische Daten sind im Internet über http://dnb.d-
nb.de/ abrufbar.

Impressum:

Copyright © 2011 GRIN Verlag GmbH
Druck und Bindung: Books on Demand GmbH, Norderstedt Germany
ISBN: 978-3-656-04868-8

Dieses Buch bei GRIN:

http://www.grin.com/de/e-book/181606/die-ableitung-des-aether-begriffs-bei-ari-
stoteles

GRIN - Your knowledge has value

Technische Universität Dresden

Philosophische Fakultät

Institut für Philosophie

Professur für Praktische Philosophie und Didaktik der Philosophie

Referat

im Hauptseminar: Giordano Bruno - Über das Unendliche, das Universum und die Welten

Die Ableitung des Äther-Begriffs bei Aristoteles

Abgabe: 30.09.2011

Sina Volk

6. Fachsemester B.A. Germanistik/Philosophie

Inhaltsverzeichnis

I. Einleitung

Aristoteles, einer der bedeutendsten Philosophen der Antike, liefere unzählige Grundlagen und Erkenntnisse über die Physik, die Politik und die Ethik. Teilweise sind seine Ableitungen noch heute gültig; in jedem Falle waren und sind sie Ausgangspunkte für die weitergehende Forschung und Entwicklung der Wissenschaften. Insbesondere stellt sein Werk "Vom Himmel" eine Art Schlüsselschrift für die Physik dar, welche unter anderem Giordano Bruno und Galilei in ihrer physikalischen Forschung weitgehend beeinflusste.

Im Folgenden soll mit Hilfe dieses Werkes die Ableitung des Äther-Begriffs nach Aristoteles beschrieben werden. Dafür ist es zunächst notwendig, die zu Zeiten von Aristoteles (384-324 v.Chr.) gängige Vorstellung der Welt zu beschreiben: Die Erde wurde als eine hügelige Scheibe betrachtet, auf welcher die Menschen leben. Unter der Erde wurde die Unterwelt vermutet, während über der Erde die Luft inklusive Sonne und Mond sei. Dies werde vom Himmelzelt überspannt, an welchem die Sterne "haften". Nachts befände sich die Sonne in der Unterwelt.

Dieses Weltbild wurde durch Aristoteles von einer neuen kosmischen Vorstellung abgelöst, welche er mit Hilfe deduktiver Schlüsse konstruierte. Unter anderem geht Aristoteles davon aus, dass die Erde kugelförmig ist. Die Beschreibung seiner Gedankengänge im Hinblick auf die Entwicklung des Äther-Begriffs erfolgt auf Grundlage des Skripts "Vom Himmel. Erstes Buch", in welchem die entsprechenden Passagen (Seitenzahlen in Klammern) nachzulesen sind.

II. Die Ableitung des Äther-Begriffs

II.1 Körper und Größen

Aristoteles beginnt seine Ausführungen mit einer Einteilung der von Natur aus bestehenden Dinge der Welt in einerseits Körper bzw. Größen, also mechanische Gegebenheiten, und andererseits nicht mechanische Prinzipien in Form von sich reproduzierenden Kräften und virtuellen Begriffen. Er geht nun insbesondere auf die erste Thematik ein und beschäftigt sich mit den Körpern. Unter einem Körper versteht Aristoteles das, was allseitig (also in allen drei Dimensionen: Länge, Breite und Tiefe) teilbar ist (vgl. S. 55 f.). Linien und Flächen sind für ihn im Gegensatz dazu abstrakte Begriffe: Linien oder auch Geraden erstrecken sich in nur eine Richtung bzw. Flächen in nur zwei Richtungen und sind ausschließlich durch den Geist des Menschen erfassbar. Sie sind demnach reine Denkleistungen. Damit negiert Aristoteles auch den Atom-Begriff, da es sich bei einem Atom (was per definitionem unteilbar ist) nur um einen abstrakten Begriff, einen "Punkt" handle.

Körper hingegen sind empirisch greifbar, lassen sich in wieder Körperliches teilen und sind gegeneinander abgegrenzt (vgl. S. 56), d.h. es gibt "kein Weiterschreiten" (S. 56) in etwas Anderes mehr (die Linie kann sich zur Fläche ausdehnen, die Fläche zum Körper, aber der Körper kann sich nicht weiter in etwas Vierdimensionales entwickeln oder in die andere Richtung zurückgehen; er ist zwar teilbar, aber nicht reduzierbar, d.h. er kann nicht zu etwas Unkörperlichem werden).

II.2 Naturgemäße und naturwidrige Bewegungen

Weiterhin ist allen Körpern und Größen laut Aristoteles von Natur aus eine räumliche Bewegung zu Eigen, die entweder geradlinig, kreisförmig oder eine Mischung aus beiden ist. Dementsprechend gibt es drei mögliche *naturgemäße* Bewegungsformen: die geradlinige Bewegung teilt sich auf in die steigende (vom Mittelpunkt weggehende) und die fallende (zum Mittelpunkt hingehende) Bewegung und die kreisförmige geht um den (Erd-)Mittelpunkt herum. All diese Bewegungen bezeichnet Aristoteles als "einfach", wenn sie "einfachen Körpern" (S. 57) zugeordnet sind; diese einfachen Körper sind die Elemente. Dabei wohnt jedem Element von Natur aus nur eine einfache Bewegung inne. Dies impliziert, dass (mindestens) ein Element eine Kreisbewegung vollzieht. Naturgemäß haben Feuer und Luft geradlinig steigende Bewegungen, wohingegen sich Erde (Irdenes, beispielsweise ein Stein) und Wasser (beispielsweise Regen) geradlinig fallend bewegen. Der naturgemäßen ist nun

3

die *naturwidrige* Bewegung entgegengesetzt, die gewaltsam (da entgegen der Natur) abläuft, also beispielsweise im Falle des Anhebens von etwas Irdenem. Bei der naturgemäßen Bewegung vollzieht ein Element demnach *geradlinig* und ungestört den Weg (zurück) zu seiner ursprünglichen Elementlage, da eine Gerade die kürzeste Verbindung zwischen zwei Punkten ist. Bevor diese jedoch vollzogen werden kann, bedarf es logischerweise einer naturwidrigen Bewegung, die die naturgemäße erst nötig bzw. möglich macht. Die Kreisbewegung hat dabei jedoch keine Entgegensetzung und wird daher von Aristoteles als die ursprünglichste angesehen, da sie "vollkommen" und ewig, also unbegrenzt ist. Allerdings vollziehen alle vier Elemente offenkundig geradlinige Bewegungen; daher schließt Aristoteles darauf, dass es ein weiteres, ursprünglicheres Element geben muss, welchem die Kreisbewegung zugeordnet werden kann (vgl. S. 58). Naturwidrige Bewegungen gehen wegen ihrer Gewaltbewegung schnell zugrunde, aber die kreisförmige stellt für alle vier Elemente eine naturwidrige Bewegung dar (und dürfte daher nicht ewig und kontinuierlich sein), weshalb es nach logischem Schluss einen einfachen und ursprünglichen Körper geben *muss,* für den die Kreisbewegung naturgemäß ist (vgl. S. 59).

Aristoteles vertritt hier die Position, dass die Welt physikalisch aufgebaut ist; er geht von einer Elementeordnung *im Raum* aus, die sich durch die Bewegungen ergibt, d.h. es gibt kein wirkliches Oben und Unten mehr. In der (hypothetischen) Mitte ist der Erdmittelpunkt, aus dessen Richtung sich Feuer und Luft wegbewegen, während Erde und Wasser sich auf ihn zu bewegen. Erde ist dem Mittelpunkt dabei am nächsten, darauf folgt das Wasser, dann die Luft und ganz "außen" das Feuer. Dabei erläutert Aristoteles auch die Begriffe "leicht" und "schwer"; die Erde ist im Verhältnis zu den anderen Elementen schwerer und das "unterste"; Wasser ist leichter als Erde, aber schwerer als Luft und Feuer; das Feuer ist demnach das leichteste Element. Was sich (naturgemäß) in Richtung des Mittelpunktes bewegt, ist also relativ gesehen schwer, während das vom Mittelpunkt Weggehende leicht ist (vgl. S. 60).

II.3 Die Bewegung der Sterne

Das Feuer wird als äußerstes Element angenommen, weil Aristoteles aufgrund des vorherrschenden Weltbildes davon ausgeht, dass die Sterne und die Sonne Lichter (keine Himmelskörper!) und dementsprechend Feuer sind und das Feuer daher durch die Luft nach außen dringt. Da sich die Sterne laut Beobachtung aber drehen (also auf- und untergehen), scheint das Feuer eine Kreisbewegung zu vollziehen. Aristoteles steht also vor dem (theoretischen) Problem, dass das Feuer sich im Kreis bewegt, obwohl es (naturgemäß) geradlinig steigt (vgl. S. 60). Er versucht daher, die Natur der Kreisbewegung zu begreifen und eine theoretische Konzeption zu erschaffen, um dieses Phänomen zu erklären.

Beobachtungsgemäß ist die Kreisbewegung (der Sterne) kontinuierlich und ewig; geradlinige (naturgemäße und naturwidrige) Bewegungen sind aber begrenzt. Zudem ist das Feuer wie schon beschrieben das leichteste Element (und daher außen); allerdings kann etwas, das eine Kreisbewegung vollzieht, nicht schwer oder leicht sein, da es sich im immer gleichen Abstand um den Mittelpunkt herumbewegt (vgl. S. 60).
Das Feuer kann daher nicht dasjenige Element sein, welches die Kreisbewegung vollzieht.

II.4 Der Äther-Begriff

Diese Deduktion auf Basis der logischen Widerspruchsfreiheit führt Aristoteles nun dazu, nach dem Körper oder Element X, welches die Kreisbewegung vollzieht, zu suchen. Die Eigenschaften dieses Körpers ergeben sich in Aristoteles' Ausführungen nach dem Ausschlussverfahren: Da die Kreisbewegung keine Entgegensetzung und somit keinen Entstehungs- oder Endpunkt hat (also ewig ist), muss auch der Körper X ewig und unveränderlich sein; er ist demnach "alterslos" und nimmt weder zu noch ab (vgl. S. 61 f.). Abgeleitet davon und erklärt durch die unveränderliche Konstellation der Sterne (sie bewegen sich laut Beobachtung quasi gemeinsam im Kreis) bezeichnet Aristoteles diesen "ersten Körper"(S.62) als *Äther* ("aei thei": "er [läuft] ewige Zeit hindurch", S. 63). Dieser Äther-Körper füllt demnach den obersten Ort in der Elementeordnung aus und bewegt sich endlos im Kreis. Die Sterne sind mit der Äther-Kugel verbunden, haften ihr quasi an. In dieser ewigen Kreisbewegung nimmt der Äther die Sterne gewissermaßen mit.

Aristoteles deduziert also aus den physikalischen Gegebenheiten der Welt die Äther-Theorie, um die kreisförmige Bewegung der Sterne zu erklären und untersetzt so die Sternbewegung mit dem Äther-Begriff.

Um den Äther-Begriff weiter zu definieren, versucht Aristoteles, die Frage nach der Grenze des Äthers zu klären (S. 65 ff.).

Da jeder Körper entweder einfach oder zusammengesetzt ist und es sich bei der Äther-Kugel per definitionem um einen Körper handelt, muss der Äther-Körper ebenfalls einfach oder zusammengesetzt sein. Jeder einfache Körper ist allerdings begrenzt, sodass auch jeder aus einfachen Körpern zusammengesetzte Körper begrenzt sein muss. Zudem kann etwas sich im Kreis Bewegendes nicht unbegrenzt sein, da sich das Unendliche nicht bewegen kann. Dies beweist Aristoteles mit dem theoretischen Konstrukt von gedachten Linien, die vom Erdmittelpunkt ausgehen: Diese müssten, wenn der Äther unbegrenzt wäre, ebenfalls endlos sein. Das würde bedeuten, dass die Zwischenräume zwischen den Linien auch unendlich groß wären. Ein (gedankliches) Durchschreiten dieser Zwischenräume wäre jedoch nicht denkbar, da es nie beendet sein würde. Weiterhin müsste ein unbegrenzter Körper auch unbegrenzt schwer oder leicht sein; dies ist jedoch logisch unmöglich. Die Sterne befinden sich demnach in einer begrenzten Entfernung (da der Mensch sie sehen kann, ist es nicht vorstellbar, dass sie *unendlich* weit entfernt seien)und daher ist es für Aristoteles unumgänglich, festzustellen, dass es keine unbegrenzten Körper geben kann, weil alles andere nicht vorstellbar bzw. plausibel wäre. Damit ist auch erwiesen, dass der Äther-Körper kugelförmig sein muss, denn andernfalls könnte er sich nicht um die Erde drehen. Wenn der Äther unbegrenzt wäre, müsste der Kosmos in sich ruhen und etwas Anderes müsste sich drehen (vgl. S. 69 f.).

Durch die Begrenzung des Äthers entsteht nun die Frage, was sich jenseits der Ätherkugel befindet; hier führt Aristoteles den *Aion*-Begriff ein, welcher jedoch nicht mehr physikalisch ist. Im Aion wohne quasi das Göttliche. Hier ist Aristoteles an der Grenze seines theoretischen Konstrukts angelangt und greift auf das Göttliche zurück, da alles andere nicht mehr plausibel wäre. Auf Grundlage der Elementeordnung schließt Aristoteles zudem die Existenz weiterer Ätherkörper aus.

III. Fazit

Aristoteles baut deduktiv aus den gegebenen physikalischen Elementen eine wissenschaftliche Theorie auf, die auf dem Prinzip der logischen Widerspruchsfreiheit basiert. Er leitet seine Erkenntnisse aus der Beobachtung logisch ab und schließt in seiner Argumentation aus, dass es sich in der Welt anders verhalten könnte, als er es beschreibt, d.h. der Äther-Begriff ist logisch zwingend abgeleitet. Die logische Widerspruchsfreiheit ist aber nicht gleichzusetzen mit der empirischen Wahrheit; daher ist zwar die Plausibilität vorhanden, aber nicht zwangsläufig eine Beschreibung der Realität, da kein experimenteller Nachweis des Äthers erbracht werden kann. Der Äther ist demnach nur ein theoretischer Begriff.

Aristoteles etablierte so den Gedanken, dass die Erde kugelförmig sei und bereitete das geozentrische Weltbild vor.